THÈSE

POUR LA LICENCE.

L'acte public sur les matières ci—après sera soutenu,
le mercredi 1er avril 1857, à neuf heures,

Par JULES-ANTOINE AUBIN, né à la Pointe-Noire (Guadeloupe).

Président : M. ROYER-COLLARD, Professeur.

Suffragants :

MM. COLMET-D'AAGE,	
DE VALROGER,	Professeurs.
MACHELARD,	
LABBÉ,	Suppléant.

*Le Candidat répondra en outre aux questions qui lui seront faites
sur les autres matières de l'enseignement.*

PARIS,

CHARLES DE MOURGUES FRÈRES, SUCCESSEURS DE VINCHON,
Imprimeurs de la Faculté de Droit,
RUE J.-J. ROUSSEAU, 8.

—

1857.

1747

A LA MÉMOIRE

DE MON PÈRE ET DE MA MÈRE.

———

A MES SŒURS.

———

A mon frère G.-L.-C. AUBIN,

Avocat et propriétaire à la Guadeloupe,

PROFONDE RECONNAISSANCE,

JUS ROMANUM.

DE INTERDICTIS.
(Dig., xliii, 1, 16, 17, 26.)

Jure veteri, interdicta erant formæ atque conceptiones verborum, quibus prætor aut jubebat aliquid fieri, aut prohibebat;
quod tunc maxime faciebat, cum de possessione inter aliquos
contendebatur.

Jure novo simpliciter definiri possunt, actiones, quibus
maxime de possessione vel quasi possessione agitur.

Ita ea appellari recte censit Justinianus, quia inter duos
dicuntur.

Interdicta varie dividuntur. Summa autem divisio hæc est,
quod aut prohibitoria sunt, quibus prætor vetat aliquid fieri;
aut restitutoria, quibus restitui aliquid jubet; exhibitoria, per
quæ jubet exhiberi.

Interdicta aut de divinis rebus, humanisve competunt.

Causa hominum competunt vel ad publicam utilitatem pertinentia, vel sui juris tuendi causa, vel officii tuendi causa, vel rei familiaris.

Quæ vero ad rem familiarem spectant, aut adipiscendæ sunt possessionis, aut recuperandæ, aut retinendæ.

Interdictorum quædam annalia sunt, quædam perpetua.

Denique ratio fructuum generaliter in interdictis habetur ex quo edita sunt non retro.

Justiniani temporibus, cum in omnibus judiciis extra ordinem judicatur non est necesse reddi interdictum; sed perinde judicatur sine interdictis, ac si utilis actio ex causa interdicti reddita fuisset.

DE VI ET VI ARMATA.

(Dig., l. xliii, t. 16.)

Duo interdicta ei qui vi dejectus est, ad recuperandam possessionem, proponuntur; alterum de vi simpliciter seu de vi quotidiana, cum sine armis quis de possessione rei soli dejectus est; alterum de vi armata, cum res soli armis occupata est.

Edictum circa vim quotidianam, tale est : prætor ait : Unde tu illum vi dejecisti, aut familia tua dejecit, de eo quodque ille tunc ibi habuit, tantummodo intra annum, post annum de eo quod ad eum qui vi dejecit, pervenerit, judicium dabo.

Hoc interdictum restitutorium et recuperandæ possessionis non ad omnem vim, sed ad solam atrocem vim pertinet, et ad eos solum qui de possessione fundi vel ædium, vel solo rerum cohærentium, vel de quasi possessione quorumdam jurium incorporalium, dejiciuntur.

Interdictum de vi nulli competit, nisi ei qui tunc cum dejiceretur, possidebat; dejicitur vero is qui possidet, sive civiliter, sive naturaliter possideat.

Non dejectum videri debet qui non accipitur in possessione.

Ut de vi armata interdicto locus sit, non sufficit aliquem fuisse simpliciter vi etiam atroci dejectum; oportet armis fuisse dejectum. Qui armati veniunt, non autem utendo armis dejiciunt, armata vi dejecisse videntur; sufficit enim terror arirorum. Si dominus, cum in possessionem veniret, fuerit ab armatis prohibitus, qui invaserant possessionem, videbitur armis dejectus.

In hoc differt ab interdicto de vi quotidiana, et etiam in eo quod in interdicto de vi armata non requiritur ut neque vi, neque clam, neque precario possiderit is cui vis facta est ab eo a quo armis dejectus est.

Constitutum fuit imperatore Constantino ut illa interdicta etiam per servum institui possint, qui quum rem absentis domini nomine detineret, ea dejectus est.

Quo interdicto, qui vi dejectus est, pristina hujus causa restitui debet quam habiturus erat, si non fuisset dejectus; quidquid enim damni senserit ob hoc recuperare debet, et qui vi dejecit, quique sine dolo malo desierit possidere, interdicto tenetur, æstimationemque hujus restituere debet.

Ex die quo quis dejectus est fructuum ratio habetur, quamvis in cæteris interdictis, ex quo edita sunt, non retro computantantur; idem est et in rebus mobilibus quæ ibi erant.

Interdictum de vi quotidiana intra annum datur ex constitutione Constantini si absens dejiciatur, non currit annus dum abest.

Interdictum de vi armata perpetuum fuisse apparet ex epistola Ciceronis ad Cassium; sed Justiniano placuit hæc duo interdicta confundere, et intra annum dare, et post annum in id quod pervenit ad eum qui prohibuit.

UTI POSSIDETIS.
(Dig., lib. xliii, t. 17.)

Ait prætor : « Uti eas ædes quibus de agitur, nec vi, nec clam, nec precario, alter ab altero possidetis, quominus ita possideatis, vim fieri veto. De cloacis hoc interdictum non dabo; neque pluris quam quanti res erit, intra annum quo primum experiundi potestas fuerit, agere permittam.

Uti possidetis duplex est interdictum, quia par utriusque litigatoris in his conditio est, vel quisquam præcipue reus vel actor intelligitur, sed unusquisque tam rei quam actoris sustinet partes.

Hoc interdictum datur ei qui possidet, seu civiliter, seu naturaliter, dum tamen, nec vi, nec clam, nec precario ab altero possideat.

Non videtur vi possidere, qui ab eo quem sciat vi esse in possessione, fundum accepit.

Creditores in possessione missi rei servandæ causa, interdicto uti possidetis non possunt uti.

Interdictum uti possidetis non denegatur ei qui cœpit rem vindicare; non enim videtur possessioni renunciare qui rem vindicat.

In interdicto hoc venit condemnatio quanti intersit possessionem retineri.

DE PRECARIO.
(Dig., lib. xliii, tit. 26.)

Ait prætor : « Quod precario ab illo habes aut dolo malo fecisti ut desineres habere, qua de re agitur, id illo restituas.

Precarium est, quod precibus petenti utendum conceditur,

tamdiu quamdiu is qui concessit patitur; oritur ex jure gentium. Quod interdictum restitutorium est; æquum est enim tamdiu te liberalitate mea uti, quamdiu ego velim.

Longe distat a donatione, atque commodato, præsertim quod in illo quando velim rem repetam.

Simile vero commodato est in eo, quod sicut commodatum rem non faciat accipientis.

Non solum res soli, sed res etiam mobiles et ea quæ in jure consistunt precario concedi possunt.

Hoc interdicto tenetur is qui precario habet; sive ipse rogaverit, aut servus aut procurator, domino mandante vel ratum habente.

Is qui rogavit precario, non culpam, sed dolum solum præstat.

Post interdictum edictum vero oportet et dolum et culpam et omnem causam venire.

Post annum hoc interdictum competere potest; in longum enim tempus non nunquam precarium conceditur; non æquum ergo foret si interdictum post annum locum non haberet.

QUÆSTIONES.

I. An possessio amittitur solummodo animo et corpore, ut dici potest ex lege 8, l. 41, t. 2? — Nego.

II. Actio Serviana prior est tempore interdicto Serviano.

III. Interdictum uti possidetis etiam vi dejecto competit.

IV. An apud Romanos interdictum de clandestina possessione semper fuit in usu? — Nego.

DROIT FRANÇAIS.

(Code Nap., liv. 3, tit. 20, art. 2219-2281.)

CHAPITRE PREMIER.

DISPOSITIONS GÉNÉRALES.

A Rome le préteur ajoutait à la formule, qui ordonnait au juge de condamner le possesseur à restituer, ces mots : « *Nisi de ea re agatur cujus longa possessio sit.* »

Il écrivait cette phrase en tête de sa formule, c'était donc au moyen de cette *præ scriptio* que le défendeur était garanti. Le mot prescription en se perpétuant jusqu'à nous, a donc été comme tant d'autres, détourné de son sens primitif, puisque le Code le définit (art. 2219), un moyen d'acquérir ou de se libérer par un certain laps de temps et sous les conditions que la loi détermine.

Cette définition est-elle exacte? Je ne le crois pas. La prescription est plutôt la présomption d'une juste cause d'acquisition ou de libération qu'un véritable moyen d'acquérir. Je ne puis conserver indéfiniment mes titres, et lorsque j'ai possédé trente ans, paisiblement et sans réclamation aucune, je suis censé propriétaire et dispensé de reproduire mes titres.

Amené par la force même des choses à établir la prescription, le législateur a dû poser d'une manière invariable les diverses conditions sous lesquelles elle s'accomplira. La prescription tient donc au droit naturel, quant à son principe : au droit civil, quant à ses règles.

Établie dans un intérêt d'ordre public, on ne peut d'avance renoncer à la prescription. Cette clause si la loi l'avait autorisée serait devenue de style, mieux aurait valu effacer du Code le titre de la prescription. Mais une fois acquise, on est maître d'y renoncer; je suis seul juge de ma conscience, si ce moyen me répugne, on ne peut me l'imposer; les juges ne peuvent le suppléer d'office (art. 2223). Cette renonciation n'est donc pas de ma part une donation, ce n'est même pas une contre aliénation, c'est uniquement une restitution. Cependant la loi exige la capacité d'aliéner, parce que quelquefois la prescription est le seul moyen de prouver une libération effective ou une juste cause d'acquisition; or, le mineur qui ne jouit pas d'un discernement libre et éclairé, ne peut distinguer si la prescription est juste ou injuste.

La renonciation à la prescription est expresse ou tacite : expresse quand elle est formellement consentie par acte authentique, sous seing privé, etc.; tacite lorsqu'elle résulte de certains faits qui renferment implicitement la reconnaissance du droit sujet à prescription, par exemple : lorsqu'on prend à bail du propriétaire, lorsqu'on lui achète une servitude. D'ailleurs la renonciation peut résulter de bien d'autres faits dont l'appréciation est confiée à la sagesse des juges.

La prescription étant, non pas une exception tendant à faire renvoyer l'examen de l'affaire, soit à un autre temps, soit à un autre tribunal, mais une défense tendant à faire rejeter la prétention du demandeur, peut être opposée en tout état de cause même devant la cour d'appel, à moins que la partie ne doive par les circonstances être présumée y avoir renoncé.

Lorsqu'elle est accomplie, elle peut être opposée non-seulement par celui qui a prescrit, mais encore par ses créanciers ou toute autre personne ayant intérêt à ce qu'elle soit acquise, encore que le propriétaire y renonce (art. 2225). La prescription est une peine infligée au propriétaire ou au créancier négligent, il est juste que celui qui a tout fait pour conserver son droit soit préféré, il n'aura même pas besoin de prouver la fraude de son débiteur, dès que cette renonciation lui cause préjudice, elle sera nulle à son égard.

Il n'en est pas de même pour la renonciation à une prescription qui n'est que commencée : la reconnaissance que le débiteur fait du droit du créancier, comme la renonciation faite par le possesseur, est opposable aux créanciers et à tous ceux qui sont intéressés à voir la prescription s'accomplir.

Il y a des choses qui ne sont pas soumises à la prescription : ce sont celles qui par leur nature ne sont pas susceptibles d'être l'objet d'une propriété privée, celles qui appartiennent à des personnes contre lesquelles on ne peut prescrire, et enfin celles qui sont affectées à un usage public.

Les biens privés de l'État et des communes, les biens des établissements publics peuvent être prescrits. Le Code s'explique (art. 2227) expressément sur ce point, parce qu'il consacre un droit nouveau. Suivant l'ancienne jurisprudence, les biens de l'État étaient inprescriptibles. Après la loi du 22 novembre 1790 ils devinrent prescriptibles par quarante ans. Les biens des communes et des établissements publics avaient aussi leurs priviléges ; mais la disposition du Code les assujettit pour la prescription aux mêmes règles que les biens des particuliers.

CHAPITRE II.

DE LA POSSESSION.

La possession et la propriété étant le plus souvent réunies en la même personne, le possesseur est présumé propriétaire jusqu'à preuve du contraire.

La possession procure encore plusieurs autres avantages :

1° Elle donne au possesseur, de bonne foi, le droit de faire les fruits siens (art. 549).

2° Elle donne instantanément la propriété des choses *nullius*, et même de la chose d'autrui, quand c'est un meuble, et qu'il n'a été ni perdu ni volé.

3° Elle donne droit aux actions possessoires, c'est-à-dire le moyen de se faire réintégrer quand on a été troublé ou dépossédé. J'en parlerai plus tard.

4° Enfin, elle conduit à la propriété des immeubles d'autrui, car elle est la base de la prescription.

Sans la possession, la prescription acquisitive ne peut exister.

Le Code la définit (art. 2229), la détention ou la jouissance d'une chose ou d'un droit que nous tenons ou que nous exerçons par nous-mêmes, ou par un autre qui la tient ou qui l'exerce en notre nom.

La possession dont il est question ici ne consiste pas dans une simple détention, il faut avoir l'*animum domini*, l'intention de posséder pour soi. Ceux qui possèdent pour autrui, *sunt in possione sed non possident*, ils sont en quelque sorte l'instrument de la possession du maître.

La possession s'acquiert *animo et corpore*, se conserve *animo tantum*, se perd *animo tantum* ou *corpore tantum* ; si la dépossession par un tiers a duré un temps suffisant pour exclure l'exercice de l'action possessoire,

Pour pouvoir prescrire, dit l'art. 2229, il faut une possession continue, non interrompue, paisible, publique, non équivoque, et à titre de propriétaire. La possession doit être continue, c'est-à-dire s'exercer selon la nature du fonds, se manifester par des actes assez rapprochés les uns des autres pour qu'on puisse en induire que le possesseur se conduit comme un véritable propriétaire.

Ce n'est donc pas parce que leur possession n'est pas susceptible de continuité, que les servitudes que le Code appelle discontinues, ne peuvent s'acquérir par prescription, mais bien parce que le législateur a vu dans l'exercice de ces servitudes un acte de tolérance de la part du voisin. La discontinuité provient du possesseur lui-même, et la question de savoir à quelle époque la possession a cessé d'être continue, est un point de fait conséquemment abandonné à l'appréciation des tribunaux. Quand un litige s'élève sur ce point, si celui qui invoque la prescription prouve qu'il possède actuellement et qu'il a possédé *in initio*, il est présumé avoir possédé dans le temps intermédiaire ; mais cette présomption peut être détruite par la preuve contraire (2234). *Probatis extremis præsumuntur media.*

La possession doit être non interrompue, c'est-à-dire n'avoir pas été troublée dans son cours par certains faits que la loi appelle *interruptions*, qu'elle détermine et que nous verrons bientôt.

Paisible : c'est-à-dire acquise, ni conservée au moyen d'actes de violence, ni soumise pendant son cours à des attaques réitérées. En droit français, le vice résultant de la violence est purement relatif. Si j'ai expulsé Primus qui n'était pas propriétaire, je prescrirai valablement contre Secundus véritable pro-

priétaire, car, à son égard ma possession n'est pas violente.
Dès que la violence cesse, le vice qui en résulte est purgé, une
possession utile commence. Il n'est pas nécessaire, comme en
droit romain, que l'ancien possesseur rentre préalablement
dans la possession de la chose dont il a été dépouillé.

Publique : ce n'est pas une publicité absolue que la loi exige ;
il suffit que les actes de possession soient de nature à pouvoir
être connus de celui qui aurait intérêt à interrompre la prescription. Dès que le détenteur a possédé « *au vu et au sçu de tous
ceux qui l'ont voulu voir et savoir,* » comme disait la coutume ,
sa possession est publique.

Non équivoque : lorsqu'elle se manifeste par des actes qui
laissent supposer notre intention de posséder *animo domini ;* et
qu'il ne peut exister aucun doute, soit sur elle-même, soit sur
les caractères qu'elle doit réunir.

A titre de propriétaire : c'est-à-dire exempte de précarité ;
c'est la possession *animo domini* dont nous avons parlé. La
précarité ne se présume pas : « on est toujours, dit l'art. 2230,
« présumé posséder pour soi, et à titre de propriétaire, s'il
« n'est prouvé qu'on a commencé à posséder pour un autre. »
Mais cette preuve une fois faite je suis censé continuer la possession au même titre, sauf bien entendu, la preuve du contraire.
L'art. 2232 s'exprime ainsi : « les actes de pure faculté et ceux
« de simple tolérance ne peuvent fonder ni possession ni pres-
« cription. » *Les actes de pure faculté sont ceux qu'il nous est
permis de faire, soit sur notre propre chose, soit sur une chose
dont la jouissance est publique ou communale,* ou plus générale-
ment : *ceux que nous pouvons faire, soit en vertu d'une disposition
permissive d'une loi municipale ou d'un statut local, soit en vertu
du droit naturel.*

Quant aux actes de tolérance, ce sont ceux que le propriétaire, à raison du peu de préjudice qu'il en éprouve, consent à supporter, bien qu'il puisse les faire cesser à sa volonté.

Pour que la prescription ait lieu, la loi ne pouvait pas exiger que la possession restât dans les mêmes mains pendant tout le temps requis; c'eût été entraver la circulation des biens et le commerce. L'art. 2235 est ainsi conçu : « pour compléter la prescription, on peut joindre à sa possession celle de son auteur, de quelque manière qu'on lui ait succédé, soit à titre universel ou particulier, soit à titre lucratif ou onéreux. »

Il faut remarquer cependant que les successeurs universels et les successeurs particuliers que l'art. 2235 met sur la même ligne, sont séparés par une distinction fondamentale. En effet, les successeurs universels succédant à la personne comme aux biens, c'est la même possession qui continue; donc si l'auteur ne pouvait prescrire, ils ne le pourront pas non plus. Les successeurs à titre particulier, au contraire, ne continuant pas la personne, ont une possession qui leur est propre, de sorte qu'ils peuvent joindre la possession de leur auteur à la leur, quand elle leur est utile, comme aussi la rejeter quand elle leur est nuisible.

CHAPITRE III.

DES CAUSES QUI EMPÊCHENT LA PRESCRIPTION.

Art. 2236. « Ceux qui possèdent pour autrui ne prescrivent jamais par quelque laps de temps que ce soit. Ainsi le fermier, le dépositaire, l'usufruitier et tous autres qui détiennent précairement la chose du propriétaire ne peuvent la prescrire. »

Ainsi sont détenteurs précaires : ceux qui détiennent la chose *non tanquam suam, sed tanquam alienam.* S'ils ne peuvent prescrire, leurs héritiers ne le peuvent pas davantage ; car le vice de précarité, nous l'avons déjà dit, se perpétue éternellement, malgré l'*animus domini* qui surviendrait plus tard, à moins qu'il ne soit purgé par l'une des deux causes indiquées par l'article 2238 : intervention fondée sur un titre nouveau provenant d'un tiers; contradiction opposée par le détenteur au droit du propriétaire. Encore faut-il qu'à partir de l'obtention de ce nouveau titre, le détenteur se mette à posséder et à jouir en maître.

Comme sanction de la disposition qui empêche les possesseurs à titre précaire de prescrire, le législateur ajoute que « on ne peut pas prescrire contre son titre, en ce sens qu'on ne peut point se changer à soi-même la cause et le principe de sa possession. »

Cette dernière règle ne reçoit, du reste, aucune application quant à la prescription libératoire. En conséquence, les possesseurs à titre précaire pourront, au bout de trente ans, repousser l'action personnelle née de leur contrat, quoiqu'ils soient encore passibles de la revendication.

CHAPITRE IV.

DES CAUSES QUI INTERROMPENT OU QUI SUSPENDENT LA PRESCRIPTION.

L'interruption et la suspension diffèrent essentiellement l'une de l'autre.

L'interruption est un obstacle survenu pendant le cours d'une prescription, elle produit son effet dans le passé, conséquemment rend inutile et comme non avenu le temps qui a précédé; la nouvelle prescription qui commencera après l'interruption, peut être d'une autre espèce que la précédente, ou plus longue, ou plus courte.

La suspension, au contraire, est un obstacle temporaire, qui produit son effet dans l'avenir, conséquemment laisse subsister le temps antérieurement acquis pour la prescription, qui pourra se compléter quand la suspension cessera. C'est la même prescription qui reprendra son cours un moment entravé, sa nature ne sera pas changée, et la durée exigée pour qu'elle s'accomplisse sera toujours la même.

L'interruption est naturelle ou civile.

Il y a interruption naturelle, nous dit l'art. 2243, lorsque le possesseur est privé, pendant plus d'un an, de la jouissance de la chose, soit par l'ancien propriétaire, soit même par un tiers ; ajoutons : quand le possesseur abdique sa possession, quand le maître d'une servitude, en voie de se prescrire par le non usage, se remet à exercer cette servitude, quand la chose possédée devient absolument imprescriptible.

L'interruption civile résulte : 1° d'une citation en justice, d'un commandement ou d'une saisie signifiés à celui qu'on veut empêcher de prescrire ; 2° d'une citation en conciliation devant le bureau de paix lorsqu'elle est suivie d'une assignation en justice donnée dans les délais de droit. La loi attache à la citation en conciliation un effet interruptif de prescription parce qu'elle interdit dans certains cas, art. 48, Code de procédure, d'assigner devant un tribunal de première instance, sans avoir préalablement appelé en conciliation devant le juge de paix. Cette citation interrompt la prescription, du jour de sa date, à condition, dit la loi, qu'elle soit suivie dans le mois d'une demande en justice ; donc, si cette demande est formée après le mois, la citation sera nulle quant à la prescription.

La demande en justice formée même devant un juge incompétent interrompt la prescription. Les questions de compétence sont fort délicates ; la loi n'a pas voulu rendre le demandeur victime de son ignorance qui peut être très excusable. Du reste, plusieurs causes peuvent la faire déclarer non avenue.

1° Lorsque l'assignation est nulle pour défaut de formes. Rappelons que la nullité (art. 173, Code de proc.) doit être invoquée *in limine litis*.

2° Lorsque le demandeur se désiste de sa demande, c'est-à-dire de la procédure qu'il a commencée, mais non de sa prétention, son droit subsiste, mais la prescription a continué de courir, la demande étant mise à néant.

3* Lorsqu'il a laissé périmer l'instance, c'est-à-dire lorsque après avoir engagé le procès, il reste trois ans sans continuer ses poursuites; il y a alors présomption de désistement.

4° Lorsque sa demande est rejetée : il y a autorité de chose jugée, le demandeur était sans droit en ce qui concerne l'objet du procès, la demande ne peut plus être renouvelée.

Enfin, la loi nous indique comme interruption de prescription : la reconnaissance par le possesseur ou débiteur du droit du propriétaire ou créancier. Cette reconnaissance peut être expresse ou tacite, écrite ou verbale.

L'interruption naturelle apporte un obstacle absolu à la prescription, elle est opposable par tous et contre tous. L'interruption civile, au contraire, en principe, ne profite qu'à celui qui l'a faite ou consentie. C'est l'application de la règle : « *Res inter alios acta aliis neque nocet, neque prodest.* » Cependant il y a dérogation dans les cas de solidarité, indivisibilité et cautionnement. S'il s'agissait d'une prescription acquise, la reconnaissance faite par le débiteur principal ou l'un des codébiteurs solidaires, constituerait une véritable renonciation qui ne pourrait être opposée aux autres codébiteurs ni à la caution.

SECTION II.

Des causes qui suspendent le cours de la prescription.

La prescription court contre toutes personnes, à moins qu'elles ne soient dans quelque exception établie par une loi, tel est le principe posé par l'art. 2251.

Ces exceptions sont fondées, les unes sur la qualité du propriétaire, les autres sur les rapports des deux parties entre elles, les autres enfin sur la modalité de la créance.

La prescription ne court pas :

1° Contre les mineurs et les interdits. Il ne faut pas qu'ils soient victimes de la négligence de leurs tuteurs qu'ils ne peuvent surveiller et dont ils ne peuvent demander la destitution. Remarquons qu'il s'agit ici des grandes prescriptions, c'est-à-dire de celles qui s'accomplissent par plus de cinq ans.

2° Contre les femmes mariées, mais dans quatre cas seulement, que nous allons parcourir :

1° Sous quelque régime qu'elles soient mariées, quant aux actions en rescision des contrats qu'elles ont faits sans l'autorisation de leur mari ou de justice.

La loi, pensant que la femme préfèrerait sacrifier son intérêt, que de dévoiler sa révolte à la puissance maritale, en demandant l'autorisation d'attaquer l'acte qu'elle a fait; suspend à son profit la prescription jusqu'à la dissolution du mariage.

2° Sous quelque régime qu'elles soient mariées, lorsque les actions exercées par elles seraient de nature à réfléchir contre leur mari. Par exemple, dans le cas où le mari ayant vendu le bien propre de la femme sans son consentement, est garant de de la vente (art. 2256-2°.) C'est encore un sujet de discorde que la loi a voulu éviter.

3° Lorsque la femme, mariée sous le régime de communauté, ne pourrait exercer son action qu'après une option à faire sur l'acceptation ou la renonciation à la communauté (art. 2256-1°). S'il n'en était pas ainsi, la femme devrait exercer sur l'administration de son mari un contrôle qui pourrait nuire à la paix du ménage.

4° Enfin, lorsque la femme est mariée sous le régime dotal, ses immeubles dotaux inaliénables ne sont point soumis à la prescription, jusqu'à la séparation de biens, à moins que la prescription n'ait commencé avant le mariage.

3° *Entre époux.* — « Il ne peut y avoir de prescription entre époux. Il serait contraire à la nature de la société du mariage que les droits de chacun ne fussent pas l'un à l'égard de l'autre respectés et conservés. L'union intime qui fait le bonheur est en même temps si nécessaire à l'harmonie de la société que toute occasion de la troubler est écartée par la loi. » Et afin aussi qu'ils ne puissent se faire des libéralités indirectes en laissant courir la prescription.

4° Contre l'héritier bénéficiaire à l'égard des créances qu'il a contre la succession. On ne peut le taxer de négligence, comme un autre créancier, s'il n'exerce pas de poursuites contre la succession, car nanti des biens qui forment son gage, il est sûr d'obtenir le dividende auquel il a droit.

5° Enfin, la prescription est suspendue pour les créances conditionnelles, à terme et en garantie contre l'éviction. Dans ces cas, le créancier n'est pas en faute de ne pas avoir exercé des poursuites puisqu'il ne pouvait rien exiger.

CHAPITRE V.

DU TEMPS REQUIS POUR PRESCRIRE.

SECTION 1re.

Dispositions générales.

Art. **2260**. — La prescription se compte par jours et non *par heures*. Les fractions de jour ne comptent pas : ainsi si j'ai commencé à posséder le 1er janvier 1857, à midi, ma possession utile ne commencera que le 2 janvier. Le Code s'est expliqué pour le *dies ad quem* « la prescription est acquise (art. **2261**) lorsque le dernier jour du terme est accompli. » Il a rejeté la distinction que le droit romain faisait entre la prescription acquisitive et la prescription libératoire. La règle posée par le Code dans l'art. **2260** a pour objet d'éviter une foule de procès où la preuve eût toujours été fort difficile.

SECTION II.

De la prescription trentenaire.

Toutes les actions, tant réelles que personnelles, sont prescrites par trente ans, sans que celui qui allègue cette prescription soit obligé d'en rapporter un titre, ou qu'on puisse lui opposer l'exception déduite de la mauvaise foi. Remarquons cependant, comme différence entre les actions réelles et les actions personnelles, pour la prescription, que les premières exigent de plus la possession avec les caractères que nous avons déjà vus. Conséquemment : l'action du propriétaire ne se perd pas, par cela seul qu'elle n'a pas été exercée pendant trente ans, mais alors seulement qu'une autre personne a acquis, par la possession, le droit qu'on revendique.

Quant à la rente, distinguons bien : la rente elle-même, c'est-à-dire le droit aux arrérages, et ces arrérages eux-mêmes qui sont le produit de la rente. Ceux-ci se prescrivent par cinq ans à compter de l'échéance, mais la rente ne se prescrit que par trente ans.

Il aurait pu arriver qu'au bout de ces trente ans, le débiteur qui aurait régulièrement payé les arrérages, soutînt que la rente était éteinte. Comment le créancier prouverait-il le payement des arrérages ? les quittances sont entre les mains du débiteur qui se garderait bien de les exhiber. Aussi la loi est-elle venue au secours du créancier en l'autorisant à exiger, après vingt-huit ans, un nouveau titre de son débiteur. Si celui-ci refuse, il l'assignera en reconnaissance de celui qu'il possède, le jugement qu'il obtiendra lui servira de titre nouveau.

SECTION III.

De la prescription par dix et vingt ans.

Nous avons vu que celui qui avait possédé trente ans était dispensé de rapporter un titre, et qu'on ne pouvait lui opposer l'exception déduite de la mauvaise foi. La loi ne pouvait mettre sur la même ligne, que celui qui sciemment s'empare du bien d'autrui, celui qui a de justes et légitimes raisons de croire à l'acquisition de la propriété. Aussi l'art. 2265 consacre-t-il ce principe : que « celui qui acquiert de bonne foi et par juste titre un immeuble, en prescrit la propriété par dix ans, si le véritable propriétaire habite dans le ressort de la cour royale, dans l'étendue de laquelle l'immeuble est situé ; et par vingt ans, s'il est domicilié hors du ressort. »

Remarquons tout d'abord l'impropriété des termes dont la loi s'est servie : Celui qui acquiert, dit-elle ; or, il n'a pas acquis puisqu'il a besoin de la prescription.

Trois conditions sont exigées par la loi pour cette prescription : 1° juste titre, 2° bonne foi, 3° possession de dix ou vingt ans.

1° *Juste titre.* — Le juste titre est toute cause de droit qui, de sa nature, est translative de propriété, mais qui n'est ici qu'apparente car elle n'émane pas du véritable propriétaire.

Le titre nul par défaut de formes ne peut servir de base à la prescription de dix et vingt ans ; donc, si une donation a été faite par acte sous seing privé, le donataire, mis en possession, ne prescrira pas.

2° *Bonne foi.* — La bonne foi consiste dans la croyance où nous sommes, que celui avec lequel nous contractons, ou dont nous recevons un objet, pouvait nous rendre propriétaire.

La bonne foi est toujours présumée : c'est donc à celui qui allègue la mauvaise foi à en faire la preuve. Quant au moment où elle est exigée, le droit canonique l'exigeait pendant tout le délai de la prescription, le droit romain ne l'exigeait qu'au début, et c'est ce dernier système qu'a adopté notre législation.

3° *Possession de dix ou vingt ans.* — Nous avons vu que dix ans de possession suffisent pour prescrire contre le propriétaire qui habite dans le ressort de la cour royale où son immeuble est situé ; tandis que vingt ans sont nécessaires quand il habite hors de ce ressort. La loi a prévu le cas où le propriétaire aurait été successivement présent et absent. L'art. 2266 nous enseigne qu'il faut ajouter aux années de présence, un nombre d'années d'absence double de celui qui manque pour compléter dix ans de présence.

La prescription de dix à vingt ans fait acquérir :

1° La pleine propriété.

2° L'usufruit, l'usage et l'habitation.

3° La franchise de l'immeuble grevé d'un droit réel, au profit du possesseur de cet immeuble (arg. de l'art. 2180).

L'art. 2270 nous montre un exemple de prescription libératoire, accomplie au bout de dix ans. Il est ainsi conçu : « Après
dix ans, l'architecte et les entrepreneurs sont déchargés de la
garantie des gros ouvrages qu'ils ont faits ou dirigés.

SECTION IV.

De quelques prescriptions particulières.

Les courtes prescriptions étaient autrefois réglées par un
statut local, ce qui leur avait fait donner le nom de *statutaires*.
Elles s'accomplissent par un délai qui varie de six mois à cinq
ans.

Quel sera le point de départ? La loi ne l'a pas toujours indi-
qué, pour les prescriptions de six mois, d'un an et de deux ans.
On peut y suppléer en se rapportant à ce principe de droit
commun, que la prescription d'une dette commence à courir au
moment où cette dette devient exigible. C'est donc l'époque
convenue, soit expressément, soit tacitement, pour effectuer le
payement, qui doit être prise pour point de départ.

Règles communes à ces courtes prescriptions.

Elles reposent sur une présomption de payement, donc la
continuation de fournitures, livraisons, services et travaux,
n'y met nul obstacle.

Elles cessent de courir dès qu'il y a compte arrêté, cédule,
obligation ou citation en justice non périmée.

Dans ces courtes prescriptions une ressource reste au créancier; il peut déférer le serment à son débiteur ou à ses représentants.

Ces prescriptions, dit la loi, courent contre les mineurs et les interdits, sauf leur recours contre leurs tuteurs.

DE LA PRESCRIPTION INSTANTANÉE.

« Art. 2279. — En fait de meubles, la possession vaut titre. » Cette règle signifie : qu'on ne revendique pas les meubles, que la prescription, quant à eux, est instantanée, qu'elle est acquise par le seul effet de la possession, pourvu, bien entendu, que le tiers ait acquis de bonne foi et par une cause translative de propriété, car la précarité fait obstacle à cette prescription comme à toute autre.

Elle est fondée : 1° sur un motif d'équité, car on ne peut reprocher aucune négligence à l'acquéreur, s'il s'est laissé tromper. La propriété des meubles n'est pas ordinairement constatée par écrit, et l'acquéreur conséquemment n'a aucun moyen de vérifier, si son vendeur est ou n'est pas propriétaire ; 2° sur un motif d'ordre public, car la grande rapidité avec laquelle se transmettent les meubles, aurait engendré des procès sans nombre, si la revendication avait été permise. Le commerce et la prospérité publique en eussent aussi souffert. Pour les objets perdus ou volés il y a une exception : la prescription ne s'accomplit qu'au bout de trois ans à partir de la perte ou du vol. Le propriétaire pendant ce temps a le droit de revendiquer sa chose; toutefois si elle a été achetée dans une foire ou dans un marché, dans une vente publique ou d'un marchand vendant des choses pareilles, la revendication ne sera admise que moyennant remboursement, au possesseur, du prix d'acquisition

DES ACTIONS POSSESSOIRES.

(C. p., part. 1, l. 1, t. 1, sect. 4, art. 23-27. Loi du 25 mars 1838, sur les justices
de paix, en ce qui concerne les actions possessoires.)

Les actions possessoires ont pour objet la possession, abstraction faite de la question de propriété : pour les bien comprendre, il faut les rapprocher des actions pétitoires. Elles tendent toutes deux à faire obtenir la détention physique, matérielle de l'objet, mais elles diffèrent essentiellement, quant à leur cause, quant à leur principe.

Par l'action pétitoire je demande la possession, parce que je suis, ou que je prétends être propriétaire ; donc si je triomphe, tout est terminé ; je ne crains plus aucun débat sur la question de propriété puisqu'elle a été tranchée définitivement.

L'action pétitoire, si la preuve en est plus difficile puisqu'il faut prouver qu'on est propriétaire, atteint donc un but bien plus sûr que l'action possessoire, qui ne préjuge rien quant à la propriété.

Par l'action possessoire, je demande à ce qu'on me remette en possession, je me fonde uniquement sur ma qualité de possesseur ; si je triomphe, j'aurai l'avantage, quelquefois bien grand, d'être défendeur au pétitoire.

Le Code de procédure ne divise pas les actions possessoires en deux classes, la réintégrande et la complainte, mais il en est fait mention dans l'art. 2060 du Code Napoléon, ainsi que dans l'art. 6 de la loi du 25 mai 1838.

La réintégrande est celle par laquelle le possesseur spolié conclut, contre l'auteur de la spoliation, à la restitution de la chose qui lui a été ravie.

La complainte, au contraire, tendant à se faire maintenir dans la possession, est l'action intentée par un possesseur qui a été non pas expulsé, mais seulement troublé dans sa possession, par un tiers qui se prétend propriétaire ou possesseur légal.

La loi du 25 mai 1838 parle aussi de la dénonciation de nouvel œuvre qui a pour objet d'empêcher la continuation, ou de faire ordonner la destruction de travaux nouvellement entrepris sur un fonds. Ce n'est qu'une application particulière de la complainte.

Les actions possessoires s'appliquent : 1° aux immeubles par leur nature, 2° aux immeubles par leur destination. Quant aux meubles, elles ne leur sont pas en général applicables, car en vertu du principe consacré par l'art. 2279, la *possession d'un meuble vaut titre* de propriété, donc si le propriétaire ne peut revendiquer sa chose entre les mains d'un tiers, à plus forte raison un simple possesseur n'a-t-il pas ce droit.

Les actions possessoires (d'après l'art. 23 qui ne distingue pas) ne seront recevables qu'autant qu'elles auront été formées dans l'année du trouble, par ceux qui, depuis une année au moins, étaient en possession paisible par eux ou les leurs, à titre non précaire. La possession dont il s'agit ici doit être telle qu'elle est exigée pour la prescription. Le demandeur au possessoire a donc deux choses à prouver : qu'il a été spolié ou troublé, qu'il a la possession légale. Dès qu'il a fait cette preuve, il doit être rétabli ou maintenu dans sa possession, quand bien même son adversaire serait le véritable propriétaire. L'art. 24 prend soin de l'indiquer : si l'on a recours à la preuve testimoniale, le fait de la possession et de la spoliation doit seul faire l'objet de l'enquête, la question de propriété restant tout à fait en dehors.

Le Code de procédure, confiant déjà les actions possessoires aux juges de paix, la loi du 25 mai 1838 les confirme exclusivement entre leurs mains, mais à charge d'appel.

La question de possession et celle de propriété ne doivent

jamais être décidées ensemble, c'est ce que nous dit l'art. 25 :
« Le possessoire et le pétitoire ne seront jamais cumulés. » Et
l'art. 26 ajoute : « le demandeur au pétitoire ne sera plus
recevable à agir au possessoire. » Il est présumé reconnaître
qu'il n'a pas droit à cette action, et que son adversaire est le
véritable possesseur.

Le défenseur au possessoire, c'est-à-dire l'auteur du trouble,
ne pourra se pourvoir au pétitoire tant que l'action possessoire
n'aura pas été décidée ; donc le défendeur à l'action possessoire ne pourra se soustraire à ses conséquences en agissant au
pétitoire ; et le demandeur au pétitoire ne pourra pas obtenir
la discussion de son droit avant qu'il ait été statué au possessoire.

L'art. 27 ajoute : « Il (le défendeur au possessoire) ne pourra,
s'il a succombé, se pourvoir qu'après qu'il aura pleinement
satisfait aux condamnations prononcées contre lui. » C'est là
une dérogation formelle aux principes généraux, admise par
haine contre le possesseur violent. On a apporté un tempé-
rament à la rigueur de cette décision : on ne pouvait, en effet,
permettre à celui qui a obtenu les condamnations, de paralyser
l'action de son adversaire, en différant indéfiniment la liquidation des dépens et dommages-intérêts. Aussi l'art. 27 ajoute-
t-il : « Si néanmoins la partie qui les a obtenues était en
retard de les faire liquider, le juge du pétitoire pourra fixer,
pour cette liquidation, un délai après lequel l'action au pétitoire sera reçue.

QUESTIONS.

I. Un tuteur, muni de l'autorisation nécessaire pour aliéner, peut-il renoncer à la prescription? — Non.

II. La citation en conciliation, quand elle est donnée dans une affaire où la loi n'ordonne pas cette formalité, est-elle interruptive de prescription? — Oui.

III. Si dans une affaire soumise au préliminaire de conciliation le demandeur a formé une demande directe, l'assignation sera-t-elle interruptive de prescription? — Oui.

IV. Les créanciers ont-ils besoin pour attaquer la renonciation faite par leur débiteur, d'une prescription acquise, de prouver sa fraude? — Non.

V. Le vendeur qui n'a point livré la chose vendue peut-il la prescrire? — Oui.

VI. Une universalité de meubles peut servir de base à l'action possessoire.

VII. La possession doit-elle être annale pour permettre d'intenter la réintégrande? — Oui.

<table>
<tr><td>Vu par le Président,</td><td>Vu par le Doyen,</td></tr>
<tr><td>ROYER-COLLARD.</td><td>C.-A. PELLAT.</td></tr>
</table>